Wackeln im Sturm
Gesellschaftskritik

Robert Zobel

Wackeln im Sturm

Gesellschaftskritik

Bibliografische Information der Deutschen
Nationalbibliothek
Die Deutsche Nationalbibliothek verzeichnet diese
Publikation in der Deutschen Nationalbibliografie;
detaillierte bibliografische Daten sind im Internet über
http://dnb.d-nb.de abrufbar.

ISBN   9783837077407

Copyright (2008)
Herstellung und Verlag: Books on Demand GmbH,
Norderstedt
Alle Rechte beim Autor.
www.robert-zobel.de

12 Euro

Die Inhaltsangabe fehlt an dieser Stelle, damit Sie nicht in Grenzen lesen. Blättern Sie auf und lassen den Zufall entscheiden.

Kopf aus und Bauch einschalten!
Los gehts!

5

wenn komplimente erst
zu komplimenten führen
oder ein lohn der
dafür in aussicht steht
irgendein hintergedanke
der ohne ein "wow"
auskommt
oder ein vorteil dadurch
erschwindelt
wird
dann möchte ich nie eins
bekommen

wenn gefühle nur halb
so intensiv sind
wie ich sie im vertrauen
für mich umwandele
und ich mehr gebe
als mir entgegengebracht
wird
sich nichts die
waage hält
ich aufschauen muss
um mein herz zu reichen
möchte ich nie lieben

andrej

andrej
ist nur aus einem
einzigen grund
hier in deutschland:
er wurde hier geboren
er ist gerade 17 jahre alt
geworden
seine locations sind
der stadtpark
meistens spielplatz
und der h&m
und wenn er lächelt sieht
er aus wie charlie
chaplin wenn der traurig war

er ist verliebt in
seine freundin
aber die weiß nichts davon
und denkt es geht ihm
nur um das eine
sie tragen gemeinsam
abgezogene adidasjacken
von einem hübschen paar
das sie ganz toll
fanden
andrej hat dem kerl
so doll eine gehauen
das es ihm selbst weh getan
hat
berufsrisiggo
sagt er dann immer

nach hause geht
er nur zum schlafen

und um seine geklauten
sachen zu bunkern
oder von dort zu verkaufen

die schule hat er
selbst beendet
weil er sich nicht
domestisezieren will
und außerdem hat
sein freund ja auch keinen
abschluss und hat total
viel frauen
was anzeichen für
viel kohle ist

andrej möchte mit
18 gleich zwei führerscheine
machen
und dann mit einem alten
laster alle geldautomaten an
seine halskette binden
und in die ukraine

antiprostitutionstext

eine bordsteinschwalbe macht
noch keinen heißen sommer
auch nicht wenn sie dir
kostenlos und mit offenen
augen den unkondominierten
peenemann mömpelt

der mösenanteil des spaßes
wird bei ihr mit
deinem geld bleiben
sie weiß dass und lacht
du weißt das und kommst

sozusagen gehst du
unten rum
in die höhle der löwin
und verlierst dabei dein
lieben
mit jedem euro ein
wenig mehr

du bist jetzt schon ein
bild für die dämonen
die wie von furien begleitet
an deinem leibe nagen
dort unten in der mitte
hindurch bis in deine brust

man soll die sehnsucht
nie vor der liebe schwächen
und den peenemann
lieber im kräuselgras erschlaffen
lassen
bevor man der falschen

den fickpass gibt

denke daran
wenn du wieder einmal
untenrum kohldampf
schiebst

aruin

aruin ist ein schrecklicher
einkaufsachenkühlschrankeinpacker
denn er packt einfach nur
oben auf
vorne dran
drüber
aufeinander
und wundert sich dann
das selbst neue
sachen zu gammeln anfangen

aruin hat seinen namen
einem martin und
balduin gestohlen
und zusammengemischt
so fällt das nicht
auf und er brauch sich
kein alibi beschaffen

er sitzt morgens
meist auf einer bank
auf einem kinderspielplatz
und trinkt fein wein
das findet er verdammt cool
fühlt sich mit seinen
53 jahren dann auch total
erwachsen und mit alkohol
erhaben
den die knirpse ja
noch nicht
haben dürfen

aruin war mal
arbeitssuchend

dann arbeitslos
und nun von sich
selbst heraus
unvermittelbar

er gibt sich noch 20 jahre
wenn er die sachen
vor verzehr immer gut
säubert
der restlichen welt
jedoch gibt er viel weniger

motivierender start ins leben

das tut man nicht!
das schaffst du nicht!
das darfst du nicht!
das kannst du nicht!
das gehört sich nicht!
das schickt sich nicht!
das sagt man nicht!
das fragt man nicht!
das gibt es nicht!
das verstehst du nicht!

bereichere

verlängere deine
wachen momente
in denen du auf
den horizont zugehst
und ihn für dich
vergrößerst

geb dich nie mit
nur einer antwort
zufrieden
wenn sie nicht von
dir selbst kommt
und überprüfe immer
wieder um nie
stehen zu bleiben

betrachte
genieße
und lerne
nimm die kleinen dinge
des lebens und
mache große daraus

gebe weiter
bleib in anderen köpfen
hängen
damit dein wissen
nach und mit dir geistert

bereichere

carmelita

carmelita heißt eigentlich susanne
aber riecht wegen ihrer starken akne
stehts nach kamille
clerasil machts nur schlimmer
und eigenurin jagd ihr herpes
noch dazu ins gesicht

sie wohnt am rand eines
dorfrands ohne nachtleben
aber mit gerüchteküche
und mehr tieren
als menschen

eigentlich müsste dort
ein schwein
bürgermeister sein

sie hatte einmal eine
gebrochene nase
weil sie über acht igel
gestolpert war
entjungfert ist sie noch
nicht
dafür aber 27 jahre alt

manchmal trinkt sie heimlich
weizenkorn
und singt dann ganz laut
die deutsche hymne
ein anderes lied
hat sie hier im niemandsland
mecklenburgs nie gelernt

gelegentlich versucht sie selber

gurgellieder zu schreiben
dafür melkt sie sich die milch
direkt in den schlund und prustet dann
in verschiedenen tönen
das resultat ist dürftig

sie will unbedingt einen
stadtmann haben
aus köln oder so
ganz egal
hauptsache raus
oder weg
oder einfach fort

der harald von den beschendorfers
hat einmal versucht ihr
an die wääsche zu gehen
indem er meinte das er
bald nach hamburg zieht
da ist sie ganz feucht geworden
aber dann kam ihr verstand hinzu
und sagte ihr
das harald mit seinem rollstuhl
immer der bleiben wird
der er ist
melker ohne schemel

um der stadt näher zu sein
wurde carmelita für ein paar
monate drogensüchtig
erst war es homocenta
die sie sich rektal einführte
dann packte sie ihre
schulbrote in zigarettenschachteln
und berauschte sich an
nikotinaura

sie kennt sich hier überall
total gut aus
nichts neues kommt
das einzieg was jeden tag neu
ist
ist der zerfall

sie glaubt zu meinen
das sie ihre eltern liebt
aber irgendwie mag sie
es nicht noch zuhause zu wohnen
sie hätte gern ihr eigenes bett
und zimmer
oder so ne ausbildung
wie sie mal gehört hat

und heute ist auch noch der
3 oktober
da ist westdeutschland zu
ostdeutschland gekommen
oder hat es gekauft oder so
seitdem ist alles besser geworden

carmelita schaut jeden tag
aus dem fenster
ob es endlich auch hier
angekommen ist

überheblicher

überheb mich
mit überheblichkeit
schaue zu den menschen
herunter
die so glücklich und im
einklang sind
das sie ihre barrieren
fallen und mich
in sich lesen
lassen

ordne sie unter
einfältig ein
weil sie sich nicht
schützen
denke das sie
sich nicht schützen
können
sie die gefahr nicht
sehen

finde sie einfach
weil sie sich nicht
geheimnisvoll anfühlen
sie nicht in diskrepanzen
funkeln
und schaue lieber
in mich selbst
weil ich ein ganz toller
interessanter mensch
bin
der das meiste
vor sich selbst versteckt

ich überheblicher

clarisse

clarisse
knickt ständig ihre beine weg
und lässt sich auf ihre
kniescheiben fallen
wenn man ihren kopf
kraulen möchte

sie hat eine
kopfhautfingerkrabbelphobie
weil sie in der kindheit eine
läuseplage hatte
und nun hat sie in ihrem
schrank ganz viele jeans
mit löchern an den knien

weil aber diese läuse
damals ständig da waren
brauchs ie auch dieses
gefühl auf der kopfhaut
aber nur kontrolliert
und so kratzt sie sich ständig
und verliert haare

sie sagt
"überall wo ich haare verliere
hinterlasse ich einen teil mich
so kann ich an vielen orten
gleichzeitig sein"

das geheimnis ihrer brüste
liegt bei ihrer großmutter
die ihr sagte sie solle
viel über gebirge lesen
und den größten berg der

gegend besteigen
so konditionierte die ihren
körper darauf so prächtige
brüste zu bilden

sie liebt es wenn ich diese
ordentlich berühre
in einer mischung
aus dem tritt eines
frischgeborenen ochsens
und dem hauch eines
waldüsenatemlochschnäuzers

ihre brustwarzen lasse ich
stets unbeachtet
dahin führen keine nervenbahnen
und die, die dahin
führen würden enden alle
im bauchnabel
ein gendefekt ist schuld

clarisse ist mir mal
auf den fuß getreten
das bekommt sie jetzt wieder
ich muss sie nur noch
finden
sie hat sich versteckt
glaub ich

der abenteurer

das was ich im
spiegel sehen will
muss ich werden
da fehlt
richtige haltung zum
ganzen
viel muss aus
dem gesicht weichen
und der blick
klarer werden

als erwachsener hat
man mehr
"das darfst du nicht"
da hilft auch
kein kindbleiben
um sich davor zu
schützen

das leben ist beschränkt
durch schranken
und manche kann man
aufkurbeln und hindurchgehen
aber von außen ist dann keine
kurbel dran
um zurückzukommen

das sollte man im hinterkopf
tragen
egal wie voll der ist

das macht das leben
langweilig
aber auch ungefährlicher

abenteurer dürfen keine
abenteuer brauchen

antimassist

du möchtest nicht zur
masse gehören
aber von ihr akzeptiert
werden
und wenn die masse
auf einmal zerbrechen
würde
wärst du der erste
der zur einheit drängt
damit du wieder etwas
besonderes
für dich sein kannst
etwas was gegen den
sturm spuckt

du erzählst gerne von dir
das du ach so verrückt bist
doch in deinem kopf
schillern nur
die texte der beatles
ohne etwas in dir
von dir selbst zu
erzeugen

was du tust
maschst du mit dem
hintergrund
wie es auf die masse
wirkt
ob es schön anti ist
und alle ihre hälse recken

niemand ist so stark
durch die masse

beeinflusst
wie du
du gefangener
geist

der überhebliche

überheb mich
mit überheblichkeit
schaue zu den menschen
herunter
die so glücklich und im
einklang sind
das sie ihre barrieren
fallen und mich
in sich lesen
lassen

ordne sie unter
einfältig ein
weil sie sich nicht
schützen
denke das sie
sich nicht schützen
können
sie die gefahr nicht
sehen

finde sie einfach
weil sie sich nicht
geheimnisvoll anfühlen
sie nicht in diskrepanzen
funkeln
und schaue lieber
in mich selbst
weil ich ein ganz toller
interessanter mensch
bin
der das meiste
vor sich selbst versteckt

ich überheblicher

die die die

die
die erst durch diagnosen
krank werden
sich fallen lassen
als unversichertes päckchen
aufgeben
und doch ein riesenpaket auf
den schultern tragen
eins das sie selbst nicht
bewältigen können
weil der mut zu klein ist
oder sie denken das die
einsicht darüber sie noch
schwächer macht
sie bis zum ende ihres
horizonts verdrängen
und müde lächeln

die
die mit dem finger
auf menschen zeigen
die ihnen am ähnlichsten sind
um auf diese art unbewusst an sich
selbst zu mäkeln
dies aber nicht zugeben
und sich vor sich selbst
über diese stellen
und am ende über sich
selbst

die
die zugeben das sie schwach
sind damit man sie bestärkt
die süchtig sind nach

"du bist doch so toll"
aber nichts daraus machen
nur noch süchtiger werden
immer erzählen dass es ihnen
schlecht geht und gar nicht
merken dass sie so ihren
körper negativ programmieren

die kann ich alle verstehen
aber nicht leiden
vielleicht weil
ich zur zweiten kategorie gehöre

die langweiligen unverrückten

jeder ist verrückt
verrückt vom anderen
also fern weg von
der realität eines anderen
menschen
von der masse die sich
auch wieder voneinander
unterscheidet
ergo auseinander rückt

es gibt immer ein bestimmtes
thema unter zwei menschen
das zwei so extreme meinungen
provoziert
das es sich wie zwei verschiedene
realitäten anfühlt
dann gibt es ein so starkes
unverstehen
das man den anderen
für verrückt hält

und so mehr man über
die welt grübelt und sich
nicht alles in den kopf
frisst was einem vorgesetzt
wird
desto mehr macht man sich
die welt zu eigen
und hat eigene vorstellungen
die nicht konform gehen
nicht gegen das
fastfoodwissen bestand haben
und schwupp is man
verrückt

ich bins gerne
und würde mich
über ein wenig mehr
denkvielfalt freuen
das würde mir sicher
das zusammensitzen mit
anderen menschen
wieder ein wenig spannender
machen ;)

die luft ist drin

sie ist nicht
falsch geworden
sie ist eine fälschung
ausgetauscht von
einer boshaften macht
die mir an die liebe
will

sie ist
nicht mehr die
für die mein herz
keine vergleiche kannte
jeder kuss prallt
nun an ihr ab
jede berührung
hat ein schwarzes
nachgefühl
und treffen sich
unsere blicke
gehen ihre durch
meine hindurch
und ich kann sie
nicht fangen

sie muss ausgetauscht
worden sein
und irgendwo anders
auf mich warten
irgendwo ganz tief
in dieser kalten hülle
am äußersten rand
der existenz
kaum fühlbar
und ich hör sie

in der nacht
nach mir rufen
wenn ich träume

wir müssen uns
annähern

diebe bestehlen

wer hunger hat
soll stehlen
wenn er nicht
durch ehrlich arbeit
satt wird
überall und überwo

wer geld hat
weil viele hungern
soll schenken
oder arbeit geben
die grenzen weicher
machen
überall und überwo

wer überall und überwo
sich an der menschheit
verreichert
nur sich dient
eigentlich wenig
aber doch so viel verdient
sich am klimpern mehr
erfreut als
an einer umarmung
gehört bestohlen

er hat es selbst
erlaubt von anderen
volksaussaugern

holt es euch zurück

durchlaucht durchschlaucht

von einem der auszog
den vorteil zu suchen
der sich nie zu schade
war sich für irgendwas
zu schade zu sein
ein regelrechter nachahmer
von schönheiten
der nur in den mund
nahm was er aus anderen
glitzern sah
der sich nahm was
gut ankam

von jenem der jedem
duell aus dem wege ging
und sich deshalb stets
als sieger fühlte
der kein richtiges
aber ein türschloß besaß
und es als echtes ausgab
der sich stets einlud
doch keine feste gab

ein neider wie er im
buche steht
ein gläubiger wenn es
um ihn geht

das ist der
fürst
durchlaucht durchschlaucht
der wie eine
schnecke oder ein
wurm

sich eben durchschlaucht
immer am erfolg entlang
immer nach nischen
schnüffelnd

ich bin mir sicher den
kennen sie nicht nur aus
dem märchen

ein achtelleben

du musst gerade stehen
für das was du
in dir krummgedreht hast
denn du bist der einzige erbe
deiner taten

du musst aufrecht dazu stehen
das du gekrochen bist
dich hinter ausreden geduckt
und andere mit deinen
selbstvorwürfen beworfen hast
das du keinem die hand
reichtest
aber immer die faust

du solltest
innegehen und dich fragen
warum so wenig nach außen
dringt
in dir aufräumen
und deine kontrolle
über dich aufgeben
um wieder herr über dich
zu sein und nicht
gefangen

lass dich fallen
du wirst dich
schon selbst auffangen
im moment jedoch
tarierst du nur durchs
leben
nichts ganzes
nichts halbes

vielleicht ein achtel
irgendwo über der null
weil du so viel sein willst

endlich endlich

endlich bedeutet nicht jeder
herzschlag zwei schritte
die man gegangen ist
und der eigene atem
ist rückenwind

endlich fühlt man sich nicht
als bierdeckel aller
eindrücke
auf dem andere ihre
striche machen
und man selbst dann zahlt

endlich hängt man nicht zwischen
erde und weltall
sondern kann fallen oder schweben
je nachdem wohin sie mich mitnehmen will
ich werde folgen
denn sie ist der grund
warum sich die welt
verändert hat
zärtlicher und
vorsichtiger geworden ist

endlich kann es wieder
notfälle geben
weil es das glück gibt
und sie wieder auffallen
würden

endlich hab ich angst
das etwas endlich ist

endlich

fantasie

rollige gedankenfantasien
überfallen konzentration
zwängen sie auf dich
und zaubern deine kleider
hinfort und mich an
deren stelle
dicht und eng
auch nackt
natürlich

du siehst es mir
nicht an
woran ich jetzt in mir
und an dir imaginär arbeite
sonst würdest du
mich nicht
anlächeln
sondern stöhnend anspringen
oder eher backpfeifieren

jede deiner bewegungen
schickt eine neue botschaft
in meine kopfvibration die
meinen körper unmerklich
mitschüttelt
neue lust vom
fantasiebaum brechen
lässt
und mir irgendwie
weh
aber doch gut
tut

es könnte sein

das ich es bereue
wenn ich dich jetzt
anfasse
meine fantasie
bereue ich nie

"schlaf gut schatz"

fliegt

breitet hautfarben
euch im kerzenschein,
ihr kusssüchtigen
schmiegt euch stöhnend
ineinander
hinaus aus dieser welt

schwebt
schwebt

schön seid ihr dabei
anzusehen
wenn ihr euer ganzes
herz mit hinein legt
das denken und
euch aneinander
fallen lasst

fliegt
fliegt

starke hände führen
auf sanfte haut
hinunter in oasen
bis das leben aus
euch singt
und ihr
ihr instrumente
zum letzten refrain
hinbebt

landet immer
nur um neu zu schweben

träume

lass dir deine
träume niemals
kleinreden
von menschen die
ihre nicht erreicht
haben

gehe immer drauf
los und nimm
nur die mit
die dir bei diesem
weg zur seite stehen

wenn du es
geschafft hast
folgen die anderen
sowieso
und wussten eh das
du es schaffst

gebrechteltes

die lauten sinnleisen
die aufbegehren
um groß zu sein
die andere überklettern
um einmal machtluft zu
schnuppern und sich dann
im ringelrein mit anderen
gleichgepolten an den
händen
oben halten

die schwer
tragen lassen
was sie leicht
ausversehlisierend
nach unten werfen

die sich nur ans herz
fassen
wenn sie scheine in
die brieftasche legen
die in ihren innentaschen
liegen

wie soll man sein gewissen
bewahren
wenn man so viele auf dem
gewissen hat?

das drückt doch

die armen
die armen

die armen
da oben

treibzeit

befinde mich in
treibzeit
die mich immer tiefer
ins leben zieht
und mir am ende so
sehr die freiheit nimmt
das es mich zusammendrückt
und ich verwelke

deren stundenkörnchen
mir in die augen
rieseln
mir die lungen verstopfen
und meine haut ins faltige
verwehen

man kann nicht aus
dem strom greifen
etwas im sturm
fassen
und sich dann ins
zeitlose ziehen
und überdauern

man kann nur versuchen
das rauschen um sich
herum zu verlangsamen
indem man sich aufs
"jetzt" konzentriert
auf die kleinigkeiten
die einem auf dem weg
begegnen
bei denen man dann verweilt
und sich entgegengehen lässt

indem man sich dem zeitgeist
entgegenpasst
in der ruhe liegt die kraft
in der langsamkeit das leben

achte auf die kleinen dinge

herzweisungen

eine gesamtheit zu lieben
darf keine anstrengung sein
dann ist es liebe
wer sich fragt
ob er eine facette des
partners akzeptieren kann
schaut sich mit einem auge
schon zur hälfte nach einem
anderen seitenleber um

einer person allgefallen
entgegenzubringen
mit verständnis und toleranz
ist liebe
kleine marotten nicht zu
verteufeln
sondern lächelnd mit
den eigenen aufzuwiegen
ist ein leichter hauch
des herzens

den liebenden menschen
schon weit in einer
menschenmenge am strahlen zu
erkennen
seine berührungen zu
fühlen
auch wenn er nicht
da ist
und heimweh haben
wenn es so ist

das ist es
das ist liebe

suchen wir danach
und geben uns mit nichts
anderem zufrieden

dafür gibt es zuviele
herzen
als das wir am
falschen
verbluten

innere stimme

innere taubheit
soll man sprechen lassen
das pflaster aus
vernunft abreißen
es und sich aufwecken
und wie vor ewigen
glücklichen zeiten wieder
auf den bauch hören
der stets den richtigen
weg durch ein sattes "ja"
oder ein hungriges "nein"
weist

das was das leben dich
lehrt und die erfahrung
dir gebracht hat
ist zu jeder neuen
sekunde egal
denn in jedem moment
kannst du ein anderer
sein
wenn du willst
wenn du dich nicht an
deinem verstand festhängst

der immer nur deine
vergangenheit kennt

irrgarten

traurigkeit erkenne ich
in einem lachen
manchmal
intensiver als in
tränen
oft weint etwas tief
verborben in den
lachfalten
ohne das die träger
sich trauen
es sich bewusst werden
zu lassen

wenn man ein
plus
über ein minus
schiebt
sieht man nicht das
dahinter etwas abzieht

manche menschen
sind viel zu voll
als das sie sich noch
in sich wiederfinden
können
irgendwann haben sie
sich noch gesucht
als sie die sehnsucht noch
aushalten konnten

nun sind sie ewig
traurig
und tragen eine maske
die nicht passt

die nur menschen
erkennen die einen
eigenen irrgarten hatten
oder haben

leben

das leben kann dir
weh tun
wenn du es an der
falschen position
benutzt
dich abschütteln wollen
und danach über dir
hinfortmaschieren
wenn du zu laut hustest
und es gerade einen schlechten
tag hat

das leben kann
grausam sein
wenn du es verlebst
ohne jede minute
zu nutzen
immer mehr von
allem willst
dann nimmt sie dir
die zeit
und lässt dich ewig
in der ewigkeit
verlieren

das leben kann einen
dazu drängen
es beenden zu wollen
mit kleinen schicksalschlägen
also rückschlägen
die das leben zu einer
sisyphosarbeit machen
einen tag vorankommen
den nächsten zwei

zurückfallen

wenn du das leben
nicht liebst
wird es dich auch nicht
lieben

lebensweisung

wenn man schafft den
gipfel zu erreichen
ohne oben anzukommen
ein ziel verfolgt hat
das dann einen selbst
verfolgte
und dann aufgab
weil es sah
das man längst zufrieden
ist

wenn man zu sich selbst
findet
weil man keine umwege nimmt
sondern die dinge an sich
akzeptiert die man stets
verdrängt hat
sich nicht mehr anlügen
muss und deshalb nicht mehr zur
hälfte unsichtbar ist

wenn man aufrecht
aber nicht erhobenen
hauptes die
nase auf dem boden lässt
sich gegenseitig bereichert
den lichtlosen kerzen
spendet
und zufrieden ist
weil man nicht alleine
glücklich ist

dann macht man alles richtig

liebesgedicht des pessimisten

geh mir weg mit deinem
ansteckenden lachen
das mir den kopf
an den mundwinkeln
beidseitig nach oben spaltet
am anfang ist es schön
aber danach fällt man
immer so dumpf
wieder in
die traurigkeit
und alle positiven gedanken
versickern
zu den regenwürmern
geh mir weg mit deinem
lachen!

schenk dein herz
einem anderen
einem der besser damit
umgehen kann
nicht schon so viele
gebrochen hat
und einem der nicht selbst
eins in der brust trägt
dessen scherben
sich nur noch halten
weil sie im fleisch
festgewachsen sind
schenk es einem anderen

verwandele mir die
welt nicht in den
siebten himmel
ich hab angst auf

gott zu treffen
und sei auch nicht mein
engel
da zieht sich alles
in mir zusammen und
reißt dich dann mit
bleibe realistisch
auf dem boden
träume von mir aus
einen albtraum
so was ist dieser
welt immer am nächsten

ich liebe dich
irgendwie wenn
es so was gibt

marita

marita sagt oft ganz
schlaue sachen
doch es ist nur zufall

in ihrer freizeit
sammelt sie leere
speicherkarten
die sie in fotofachgeschäften
findet
ihrer meinung nach
sollte man nur dinge
sammeln
von denen unbegrenzt
zur verfügung stehen

beruflich ist sie
gerade auf der suche
und vor jedem
vorstellungsgespräch
summt sie
"es steht ein flur um das pferd
ja, ja ein flur"
manchmal summt sie
das auch dabei
und danach

manchmal summt sie
dies den ganzen tag
und nur der schlaf
gibt ihr dann irgendwann
die grenze

ihre lieblingspersönlichkeiten
in der geschichte sind

martin luther gandhi
und johanna von orleander

jeden morgen
wird sie wach
jeden abend müde
und manchmal isst sie
in der nacht
pappige erdnussflips

das ist marita

meister hetz

meister hetz
geht durchs land
nimmt die schwächsten
mit auf verdummungsreise
lässt sie die
finden die daran die
alleinschuld tragen
das sie so schwach
sind
und schenkt ihnen
dann stärke

dafür verlangt der
adolfbar nur ein wenig
treue bis in den tod
disziplin und ein süsses
braunes plappermäulchen
und zwei fäuste wenn
das nicht klappt
(reihenfolge
kann man aber auch variieren)

mieseschlimm
stattet sie mit vielerlei
cds für schulhöfe aus
malt symbole und zahlen
auf t-shirts
veranstaltet graubraune
altdeutschpartys
mir arischen getränken
und lässt sich sogar
schon in landtäge wählen

das ist schon fast

fabelhaft
leider nicht ganz
sondern realität

merion

merion trinkt zuviel cola
und hat sich seinen vornamen
selbst ausgedacht
der von seinen eltern
ausgedachte liegt mitsamt
ausweis irgendwo in der
kanalisation und dient dort
kellerasseln als tanzfläche

merion ist von zuhause
ausgerissen
und ernährt sich von dem
was anderen nach der ernährung
zu viel ernährung ist
manchmal bettelt er sich
auch ketchup und toastbrot
vor dem aldi zusammen
da wird mehr gegeben als
vorm karstadt

seine matratze hat er an
einem see liegen und
dort würde er auch im winter
schlafen
wenn nicht so viele
schlittschuhfahrer ihn dann von der
mitte des sees aus sehen
könnten

merion ist kein punk
ist nicht drogensüchtig
hat zwei frösche und
keinen hund und manchmal
träumt er davon nicht mehr

träumen zu müssen um
die realität zu ertragen

jeder tag ist die wiederholung
von dem ersten nach dem ausriss
den tag davor bekommt er
nicht mehr hin

merion wird irgendwas
finden und bis dahin
sucht er noch

mit der macht der schöpfung

mir sehnsuchtschmerzt
mein hartnackig gestengelter
lederklumpen
mit gekrempelter umhaut
nach einer gefalteten
triefe mit schmalz
an den weichen höhlenwänden
und einem eingang
durch das ein stuhlbein
kriechen muss

lustwanken will er in ein
hautfarbengerändertes
schwarzes loch
sich zäh darin drehen
schaftabwährts
schaftaufwährts
links und rechts
an der pilzeichel vorbei
hineinziehen
hinausstoßen
den klumpen in die tiefsten
winkel verbunkern
ins innenfleisch pressen
bis der saft blasen schlägt

auf dass sie ihn wegdrückt
es aus ihr grunzt
sie nach dem hergott schreit
und dieser weiß
in ihr antwortet

mit der macht der schöpfung

geschwängert

dieser text möchte dir ein
leben lang hallo sagen
sich mit jedem buchstaben
an dich schmiegen
bis die schönsten wörter
abdrücke auf dir
hinterlassen

dir ein schönes gefühl
durch die augen
deinen geist bis in die mitte
deines körpers schicken
und von dort aus umfassend
fassend wärmen
bis dass du nichts vermisst
außer das vermissen

dieser text wird niemals
enden
weil er in dir nachhallt
du mit gefühlen dem echo
nachhängst
es und ihn in dir manifestierst
und ich dich somit
kopfgefickt und
gedankengeschwängert
habe

nachkummer

läuft vorfreude
ins leere
gibt es nachkummer
der bis zur nächsten
vorfreude hält
diese schmälert
und erst wieder
ganz vergeht
wenn die vorfreude
einer sache freudmäßig
unterliegt

ein kind dem man
immer wieder
versprechungen macht
die nie eintreten
wird nichts mehr
vom leben erwarten
und sich vielleicht
über etwas freuen
aber nicht auf etwas

nimm dir keine
lebensqualität
indem du dein kind
hoffen läst
damit es dich
in ruhe lässt
entäuscht wird
und genau das
lernt:

wer sich zu früh
freut

der hat längeren
kummer

nächstendlich

nächstendlich ist es
ein anfang
der um die ecke kommt
an der kabelung der
existenzen
mit dem man zusammenstösst
was lang im alten
und kurz im nächsten leben
weh tut
und letztendlich
eine neue welt eröffnet

das bewusstsein neu
gestartet
erinnert sich nur an
fetzen vor der ecke
vor dem anfang
nach dem ende
damit der schmerz nicht
behindert
fehler neu begangen
werden können

das kopfblatt weißleer
die seele graugelebt

das ich
ein sonnenstrahl
von vielen

im nächsten leben
vielleicht ein
wenig heller
wenn die taten es

in diesem zulassen

scheiß auf kommata

an diesem text möchte ich nichts
monieren
ihn nicht verändern und durch eine
erneute durchsicht
so kontrollieren
dass ich ihm das gefühl gebe
das er mir so nicht genügt

es ist ein reiner welttext
mit vielen makeln
aber das gehört dazu
denn ein text soll immer auch
einen menschen spiegeln
und dieses hier bin ich

wie kann ich da
wo ich mich kenne
mich versuchen zu verfälschen
in dem ich das verbessere
was mir aus dem gehirn lief
und ein buchstabengerüst bildete
was meinem seelengerüst
gleich?

dadurch das ich es bei
dem belasse was in echtzeit
von mir geht
sind die texte echter
als andere

scheiß auf rechtschreibfehler
scheiß auf flüchtigkeitspannen
scheiß auf die
dle das aufregt

seine handlungen kann man
nicht noch einmal
neu gestalten
und meine texte sind
mein tun

immer und immer wieder

danke fürs lesen
danke dass sie sich
mir genähert haben

schinde eindruck

mir ist egal wie viel
du verdienst
und wie wenig du dafür
machen musst
wen du alles kennst
wer dich kennen will
und auf welchem kontinent
du schon
mit wem geschlafen hast
woher deine klamotten sind
was für ein auto
du fährst
und ob du vielleicht
autogramme gibst

mir ist nur wichtig
wie du denkst
und wie weit ich dir
und du mir folgen kannst
ob unsere horizonte
miteinander verknüpfbar sind
ob du mir neue weiten eröffnest
oder ich dich gerne mitnehmen
mag

alles andere macht mich
nicht neidisch
sondern traurig

schrauben und bohren

du hast das schicksal
geschüttelt
mit deiner flennerei
und hier bin ich
puder dir die lippen
bereite dir ein
fortwährendes fest
und du blöde kuh
gewöhnst dich dran

was bedeutet
das ich für dich
nichts mehr besonderes
bin und deine freuden
zu alltagskosungen
nicht alltäglich sind
sondern spärlich
und ich nur die krümel
bekomme von den torten
die ich dir schenke

ich werde mich
jetzt zurückschrauben
vielleicht bohrst du
dann weiter

schreiben

schreibmaschinengewehrsalven
lassen den schreibtisch erzittern
den boden vibrieren
und den stuhl auf dem ich sitze
nachhallen

dieses echo benötige ich
es massiert mir mein hirn
zu neuen sätzen
gibt mir impulse die
meine synapsen leuchten lassen
und ich kann wieder sehen

die tastaturschläge müssen
hierfür gewaltig sein
müssen brettern und dicht
hintereinander folgen

am besten aus einer entfernung
von einem halben meter
im fingersturzflug kamikazengleich
auf den richtigen buchstaben hoffend

es muss schnell gehen
sonst gibt es nur wenig licht
und mit wenig licht
kann meine fantasie nicht
sein
dann fehlt ihr die energie
und ich sehe nur das
was wirklich ist
und was keiner wissen will
weil er es schon weiß

vielleicht sollte ich gleich
meinen kopf benutzen und
mit ihm einen text schreiben
ich hätte schon viel eher drauf kommen
sollen
das wird genug licht geben
aber es wird dann nicht strahlen
denn wie soll ich die strahlen festhalten?

mein kopf ist schätzungsweise 20 buchstaben
breit und lang

die finger sind schon besser

oder patzerfäuste
das zum beispiel

mnjmnj

oder hier

huzj7

es ist die falsche munition
ich merke es schon

ich werde weiter schreiben
und hoffen meine kleinen
textatombomben vertrahlen
auch andere
damit sie aufwachen
aus dem vorgespielten
aufwachen
und mich aufwecken

der der ich die fantasie

und andere welten brauch
um die realität zu
verstehen

schreite aus

riskiere nebenblicke
schau nicht nur dahin
wo du gewinn erhoffst
schau in die sackgassen
versuche im dunkeln zu
lesen

nimm wahr
was deinen weg kreuzt
und greife mit deiner
neugier danach

interessiere dich
für parallelstraßen
gehe andere wege
atme fremde leben
in deine lungen
und singe in sprachen
die du nie verstehen
wirst

verknote deine gedanken
denke etwas neues
finde klarheit in einem
dir selbst geschaffenem
irrgarten

nutze deine einzigartigkeit
erfinde die welt um dich
herum neu
sei der funken
für den rest

sei erfinder

seifenaugen

seifenaugeninseln
schleichen von seifenaugeninsel
zu seifenaugeninsel bis zu meiner
haut
knistern geheimnisvoll
und werden dann unsichtbar

die wärme nimmt sie auf
sie bewegen sich unter
wasser auf meiner haut
und schmiegen sich in und
an meine poren
drängeln sich an den besten
stellen zu unsehbaren
massen und massieren mich
so

wenn der alltag mich zum
quengeln bringt
mir der kamm schon
seit stunden geschwollen
und mein hals voll
gift ist
das andere spritzten
und ich schluckte
dann ist die badewanne
meine rettung

mein körper atmet nasswarm
ein und gibt entspannung
wieder ab
all das was ihn an
fremdaura ummantelte
gibt er ans wasser ab

seifenaugen sehen das
seifenaugen sind am ende
des bades nicht mehr da
sie sind zerplatzt
haben mir die schwere
aus den poren gekitzelt
und lassen mich
gelöst zurück

beim duschen
gleiten sie zu schnell
an einem herab und
können nicht nach etwas
greifen um es dann mitzuziehen
deshalb befriedigt das nur
zu 20 %

hätten wir unsere arbeitsplätze
alle in warmen wannen
würd es uns viel besser
gehen

solange

zweifele nicht an deiner
schönheit
solange dich jemand
ficken will
oder an deiner intelligenz
solange du morgen
mehr weißt als heute

sei dir nicht unsicher
was deinen partner angeht
solange er seine koffer
nicht gepackt hat
spekuliere immer auf
eine beförderung
solange bis die stelle
nicht von dir besetzt
wird

denke nicht um ecken
sondern im geradeaus
spare dir die denkenergie
dafür auf
im siebten himmel
zu schwelgen

fallen wirst du
sowieso
wenn es so ist
und so sein soll

ahne nicht
sondern sammel fakten
auf die du dich
stützen kannst

lebe
ohne negativ ins
morgen zu sorgen

sozialer autist

ich grübele zuviel um
die ecke und hab
deshalb probleme
geradeaus zu gehen
mein denken fließt
nicht im strom
sondern ist ein wasserfall
der sich an großen felsen bricht
und:
manchmal entsteht ein regenbogen
manchmal plätschert
es sacht
aber nie ist etwas konstant
gehirn sei dank

die fantasie ist das
fundament für
alles was
sich hinter meiner
stirn abgeschottet von
der realität abspielt
sie ist mir ein freund
eine fluchtstätte
das einzige was mich
zum lachen bringt
gehirn sei dank

sei stolz

einen scheinwurf weit
steigerungsfähig
im verstecken
spielst du den stein
doch bist der schwamm
für mich das wasser

sobald ich weiß
dass du bereit bist
werde ich mich gefroren
als lawine
auf dich stürzen
und an dieser stelle
zwei realitätsschnitte
fassen
abgrenzen
und eine kapitale
leinwand
für meine lust
erlegt haben

noch sagst du nein
doch dein körper bereits
ja
du sprichts
bereits meine sprache

lass uns oben ohne
also ohne bedenken
seien wir uns auf zwei
arten nützlich

meine küsse werden dich beugen
ich hab meine zärtlichkeit

und härte für dich auf dich
streng limitiert

sei stolz
ich bin es auch

tag der hässlichkeit

am 19.12
feiere ich jetzt jedes
jahr den tag der hässlichkeit
das passt irgendwie in
diese zeit und ich
schreite da gerne voran
und bin jetzt mal unattraktiv

das kann ich ganz gut
und da kann sich jeder gerne
mal eine scheibe von
abschneiden

ich plane schon so was
wie die loveparade nur
ohne klamotten und schminke
ohne bargeld und
statussymbole

einen tag in dem behinderte
umherlaufen können
und sie keiner mehr anschaut
weil andere menschen
ihnen dies ermöglichen
indem sie als behinderte auf
dieses fest gehen

viel musik die nichts aussagen
muss sondern bewegt
umarmungen voller echtheit

heute ist tag der hässlichkeit
suchen sie morgen wieder
nach dem äußeren schönen in ihrem

gegenüber
heute sehen geschlossene
augen mehr

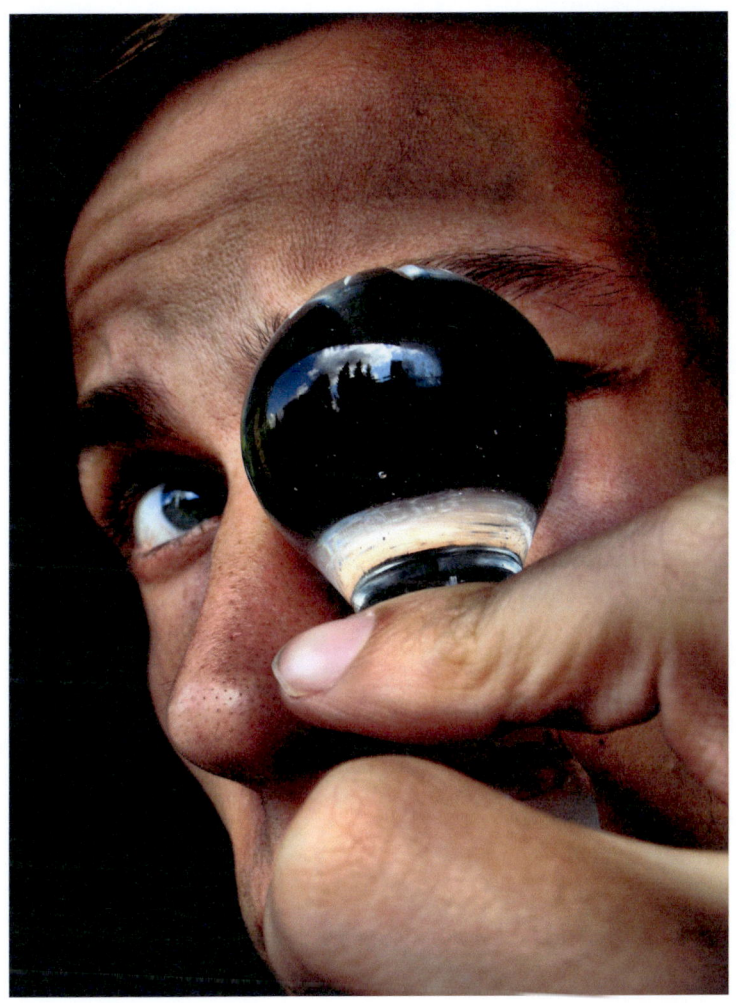

verstandsweise

du hast dich gegen dein
und deshalb für dein
herz entschieden
hast dir den dolch
selbst hineingestossen
aber nur so weit
wie du es zum überleben
durftest
ein wenig sehnsucht später
und du wärst nie wieder
aufgewacht

du willst kitschige worte
die du sonst verteufelst
nicht hören
aber sie sollen in der
luft liegen
so dass du danach greifen
und dir die alltagsleiden
damit abwaschen kannst
ein zuhause zwischen ost
und west, nord und süd
irgendwo in der mitte
da wo es immer für dich
erreichbar ist
weil liebe die entfernung
nichtigt
und man darin immer
nähe hat

du bist auf der suche
trittst dir dabei selbst
auf die füße
findest die falschen

weil du dich noch nicht
definiert hast
und wirst von
reinfall zu reinfall
immer müder

bis der eine laut
in die hände klatscht
bevor du in seine
arme springst
und er dich hoch in
die sonne hält

das kommt so
das ist so
wäre es nicht so
wärst du umsonst hier

vom kopf zur erde

alles was ich schreibe
ist nur die hälfte
von dem was ich sagen
will

alles was ich sage
ist nur die hälfte von
dem was ich denke

alles was ich denke
denke ich nicht in
worten
eher in gedanken mit
gefühlen bekleidet
die in der nackten welt
erfrieren würden
bevor ich sie
ausspreche
wenn ich es denn
könnte

etwas von den
kopfwelten
in die wirkliche
welt zu bekommen
ist schwerer als
zum mond zu fliegen

kälte und wärme

fest verankert in der
gesellschaft
mit aufgehalsten
moralvorstellungen
denen man sich unterwerfen
muss

immer unter tausend augen
hundert objektiven
und mit der einen hoffnung
das man in der
zukunft weiterhin alleine im
eigenen kopf ist

es hetzt und eilt um
einen herum
einige werden dabei zerfetzt
und das geld spritzt
nur so aus ihnen heraus
in die falschen
aber deshalb richtigen hände

falsche freunde
erheitern sequenzen des
lebens
man umarmt wärme
und es wird doch
irgendwann kalt

vielleicht war es sowieso
die ganze zeit kalt
und des überlebens willen
hat man sich wärme
vorgegaukelt

geh auf jeden fall deiner
wege
ganz dicht an der
sonne und am lachen
entlang

mach dir illusionen
viel glück

liebe, lust und wünsche

am kragen packt es
zieht mit gewalt
zum mund
dann
lippenpressen
und den aufprall
am end mit
spucke gedämpft
überlieben

an den händen greift es
eine nach links
eine nach rechts
bis zum ende
dann mit einem
menschen dazwischen
aprupt wieder zusammen
versuchen ganz eng
an sich zu legen
und ihn dabei zu
drücken

irgendwas drückt
auch wenn es zieht
irgendwoher kommt
auch was wenn man
auf etwas zugeht
irgendwie schenkt sich
etwas auch wenn man
es sich wünscht

wackeln im sturm

lehn dich dagegen an
aber federe auch zurück
sei nie felsenfest
sondern gummiweich
dehne deine meinung
lass sie nie unentwickelt
sei nicht einfach nur du
sei heute der
der morgen niemals
der von gestern war

wackeln im sturm ist
erlaubt
steif dem winde trotzen
tödlich

wenn das zwischen den
ohren sich aufregt
und nicht einfach von
links nach rechts durchlässt
und sich dabei
nützliches heraus fischt
läuft der mensch falsch
und will dort feuer löschen
wo er selbst es entfacht

wackeln im sturm ist
erlaubt
steif dem winde trotzen
tödlich

banalisierende

es gibt die
die alles labidarisieren
weil ihnen direktheit
unheimlich ist
weil es wichtig
und zu verantwortung
werden kann

die jede intensivere
beziehung als fessel sehen
und irgendwann einfach weg sind
ohne tschüß zu sagen
weil das dann wieder zu
direkt wäre

mutlose die das leben
versuchen zu steuern
ohne es anfassen
zu wollen
die die im
eigenen käfig sitzen
die gitterstäbe weglächeln
und nicht einmal sich
ernst nehmen

die in der schule vom gebeutelten
zum beutelnden aufstiegen
und noch heute kontern wo
gar keine pfeile fliegen
die schneller kritik
üben als das sie
diese selbst erreicht

trotzdem natürlich immer

mit humor
damit keiner diesen
mechanismus
erkennt

die mag ich nicht

wegdrück-ranhol-spiel

gib ihr das gefühl
das es dich kalt lässt
und sie wird brennen
mach sie zur nebensache
und sie wird es ändern
wollen

dreh dich zur seite
aber behalte maß
denn zuviel treibt
sie zu einem anderen
der ihr durch seine
begeisterung wenige stunden
befriedigt
und dann doch wieder
gähnen lässt

die liebe ist
wie ein schachspiel
und man spielt nicht gerne
mit einem verlierer
auf jeden fall
nicht lange
ein ebenbürtiger gegner
macht eine beziehung
feurig

mal von der
mal von der anderen seite

wundere dich

wundere dich!
reiße wunden in
deinen horizont

habe fragen!
und wandere
hindurch

erweitere!
das was dir an
wissen vorhanden
auch wenn es schmerzhaft ist
alte standpunkte
zu verlassen

gib dich nie zufrieden!
schaue stets dahinter
überprüfe
lass dich belehren
von den richtigen
und belehre die
falschen

wundere dich!
wunderbare dir das
leben
erforsche was dich
umgibt um dir selbst
nah zu sein

habe fragen!
reiche allem die
hand

erweitere!
und dehne deine
toleranz
sieh alles mit
einem regenbogenschimmer

gib dich nie zufrieden!

zum ende hin

heute erahnt man das
ende schon
bevor es zu ende geht
weil alles um einen
schon am ende ist
oder darüber hinaus
auf jeden fall
jammert es so

es gibt keinen
sensenmann
jeder ist sein
eigener gevatter
und beschleunigt
durch sein schlaffes
leben
den frühzeitigen
exitus
und seufzt erleichtert
das er es geschafft
hat

wie soll man sich
da quicklebendig
fühlen
bei all der qual
um sich herum

alles ist mies
alles ist blöd
es wird immer schlimmer
und es ist kein ende
in sicht
nur das eigene und das

bringt festigkeit
in die zukunft

gott sei dank

und je schlechter
es einem geht
um so mehr lebt man

juhuu

verrückte sachen machen

meine erleuchtung
hungert im hintergrund
auf einen impuls
damit sie endlich
durchblitzen kann

es geht nicht um eine
entfernung
sondern um ein erlebniss
das mir das dritte auge
dehnt

gedankfiste mich
lege deinen horizont
um mich
ziehe die schlinge zu
und ziehe mich in
deine welt

denn legen sich
viele welten
übereinander
verliert man den
überblick
und es fängt an
zu leuchten

im völligen wirrwarr
liegt die erleuchtung

lasst uns verrückte
sachen machen

hitler

fafnirs abgeschälter panzer
liegt in einem verstecktem
bunker in den alpen
und hitler liegt
sturzbetrunken drunter

"scheiß russen, amis, fremdgesindel"
posaunt er
hört nebenbei volksempfänger
hat sich an die werbung
gewöhnt
und singt gerne
michael-jackson-songs

seit etlichen jahren
lebt er von den vorräten
die für eine armee gedacht
waren
doch auch diese enden
langsam

in seinen altersfleckenhänden
der letzte wein
und nur eine dose dauerfleisch
wartet noch im stahlregal
auf null zähne

die unglaublichsten
reliquien um ihn herum
ein echter wunschbrunnen
der aber seit 1944 defekt ist
fafnirs panzer
der hitler jetzt als
decke, laken, kissen

und rasierer dient
und natürlich ein
verjüngungstrank

gleich übermorgen
nach dem letzten fleisch
will er rausmarschieren
wenn er den ausgang findet
und diesen ganzen leuten
aus dem radio mal
manieren beibringen
deutsche haben keine arbeit?
"hallo, gehts noch?"
letzteren ausspruch
hat er mal im radio gehört
und will ihn dann als neue
begrüßung einführen

übermorgen gehts los
dann marschiert er
wieder in deutschland ein

viel zu viele werden sich
freuen

selbstbeschwärmer

es sind die
die mit komplimenten
um sich werfen
damit in die masse schießen
und alles nehmen
was sich nehmen lässt
was darauf mit einem lächeln
reagiert

es sind jene die nur
für andere menschen schwärmen
um umschwärmt zu werden
kassieren zwei komplimente
für eines
und geben alles
was sie geben
mit genauester berechnung

binden menschen an sich
und lockern dann nach
gespielter schöner zeit die bande
weil sie wissen
das es dann noch mehr
honig gibt

sie sind niemals
alleine mit ihren zweifeln
denn sie holen sich
einfach menschen
die sie über alle
zweifel stellen
lieben

so können sie sich

selbst akzeptieren

die mag ich nicht

Weitere Bücher von Robert Zobel

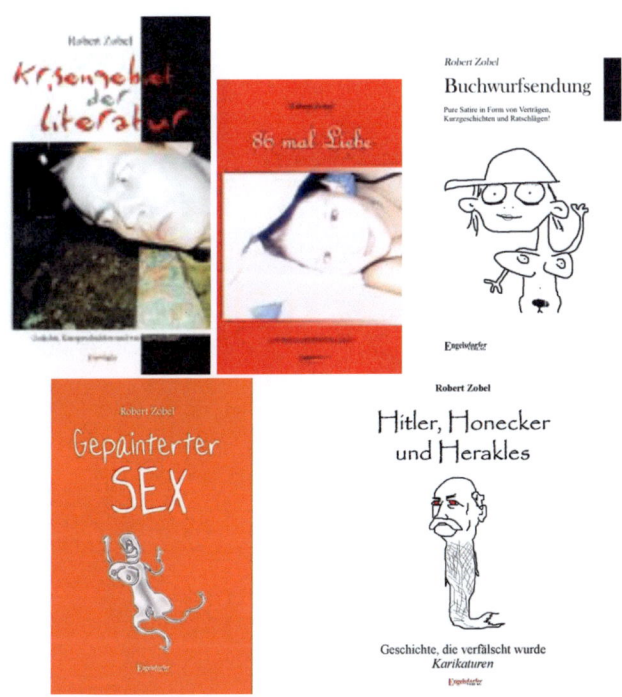

www.robert-zobel.de

Unsere Fotos auf der Internetseite:

www.fotosuenden.de